ODILON BARROT

———

PARIS. — TYPOGRAPHIE GAITTET
Rue Git-le-Cœur,

———

Carey del et sc.   Hadengue Imp r de Four. &C. 63, Paris

ODILON BARROT

LES CONTEMPORAINS

ODILON BARROT

PAR

EUGÈNE DE MIRECOURT

PARIS

GUSTAVE HAVARD, ÉDITEUR

19, BOULEVARD DE SÉBASTOPOL
rive gauche

1860

ODILON BARROT

Les corneilles abattant les noix ont eu
l'honneur de passer en proverbe.

Or ce proverbe s'applique à tous les
étourneaux pleins de sottise ou d'avi-
dité qui se jettent en aveugles au travers
des choses de ce monde, « y aslant de cul
et de teste, » comme dit ce vieux Rabe-
lais.

Nos excellents bourgeois, appelés par 93 aux bienfaits de l'émancipation politique, ont avec les susdites corneilles la plus exacte ressemblance.

Ils se hâtèrent d'abattre et d'éplucher les noix gouvernementales.

Dans l'exercice de leurs droits nouveaux, ils ne virent que l'occasion longtemps cherchée et longtemps attendue de satisfaire leur gourmandise, leur égoïsme, leurs mauvais instincts.

Qu'a demandé M. Thiers au pouvoir? Ce qu'il rapporte. Que lui a demandé M. Guizot? Des satisfactions d'orgueil.

Ni l'honneur ni la dignité de la France n'ont jamais été dans la question.

Voulez-vous maintenant savoir ce que lui a demandé ce cher M. Barrot?

— Lisez sa biographie.

Camille-Hyacinthe-Odilon est d'origine languedocienne. Il naquit à Villefort [1] le 19 juillet 1790.

[1] (Département de la Lozère.) Odilon est l'aîné de la famille. Ferdinand et Adolphe, ses deux frères, naquirent l'un en 1805 et l'autre en 1807. Ferdinand suivit la carrière du droit. Nous le trouvons, à la date de 1836, inscrit au tableau des avocats de Paris. En 1845, il arrive à la Chambre, y développe sur la colonisation quelques idées heureuses, obtient en Algérie des concessions de terrain considérables, et revient, en 1848, siéger à la Constituante. Comme avocat, il avait défendu le colonel Vaudrey, après l'affaire de Strasbourg. Louis-Napoléon, devenu président de la République, s'attacha Ferdinand Barrot en qualité de secrétaire général. Il le nomma plus tard ministre de l'intérieur, puis ministre de France à Turin. Vers 1852, il entra au conseil d'État. M. Adolphe Barrot, exclusivement voué à la carrière diplomatique, a rempli diverses missions à Haïti, en Espagne, à Lisbonne et à Naples.

Son père, nommé vice-président du tribunal de Langogne, fut envoyé à la Convention par les électeurs du Gévaudan. Lors du procès de Louis XVI, il déploya d'abord un grand courage, vota l'appel au peuple, et prononça même un discours contre ceux de ses collègues qui vouaient à l'échafaud la tête du monarque.

Mais, une fois l'arrêt fatal rendu, cette énergie de la conscience et de l'honneur s'éteignit brusquement.

Notre conventionnel trembla pour sa propre tête. Il se prononça contre le sursis.

Grâce à cette volte-face prudente, il franchit l'ère sinistre de la Terreur sans péril et sans encombre. Nous le retrouvons plus tard au conseil des Cinq-Cents, puis au Corps législatif, où il siégea fort obscurément sous l'Empire.

En 1814, Barrot père vota la déchéance du héros de Wagram et salua par le plus vif enthousiasme le retour des rois légitimes.

La *Biographie des hommes du jour* assure qu'après avoir courtisé Louis XVIII aux Tuileries, il fut un des premiers à courir au-devant de l'Empereur quand arriva la nouvelle du débarquement au port de Cannes.

A la tête du collége électoral de la Lozère, il aurait appelé Napoléon *génie, colosse, libérateur*, et ce malheureux Louis XVIII *exécrable despote.*

Mais, en regard de cette accusation,
nous devons placer un mémoire justifica-
tif, dans lequel il est positivement affirmé
que M. Barrot eut le courage de s'élever
en pleine Chambre contre le retour de
l'usurpateur.

Ce mémoire est l'œuvre d'Odilon.

Quand il ne serait appuyé d'aucune
pièce justificative, nous lui accorderions
créance plutôt qu'à un factum rédigé par
des plumes notoirement vénales.

Après les Cent-Jours, M. Barrot père
demanda la récompense de son dévouement et de son courage.

Mais il avait contre lui un passé terrible.

On n'osa lui accorder qu'une modeste magistrature de première instance. Encore sa nomination fit-elle scandale, et les royalistes sans tache se révoltèrent en voyant siéger à côté d'eux un homme atteint et convaincu d'un crime irrémissible. L'ancien conventionnel, ne pouvant obtenir l'absolution de son vote contre le sursis, quitta le fauteuil de juge.

Il mourut en 1845, dans les derniers jours de novembre, à l'âge de quatre-vingt-treize ans.

Le père Barrot avait pris la vie par le côté joyeux.

Son ambition déçue ne le faisait point maigrir et ne lui inspirait aucune idée sombre. Il se moquait volontiers des autres et de lui-même.

Voyant la machine représentative et parlementaire fonctionner sous le patronage de la Charte, il s'écria d'un air d'affliction comique :

— Ah! pourquoi le destin nous a-t-il refusé pareille chance?... Qu'ils sont heureux!... De notre temps, il fallait agir; aujourd'hui, pour arriver à tout, il suffira de bavarder. Les discours volent, les faits restent : *verba volant, facta manent.*

Cette boutade grotesque frappa l'esprit de Camille-Hyacinthe-Odilon, qui avait déjà fait ses débuts au barreau.

Son enfance est curieuse à étudier pour le psychologue.

Tout marmot encore, il jouait le rôle

d'un petit personnage grave et fier. Au
collége, il ne frayait avec aucun des élèves
de sa taille. On le voyait se promener, à
l'heure des récréations, de long en large
de la cour, les mains derrière le dos et la
tête penchée, dans l'attitude d'un homme
qui médite.

Il commença ses études au prytanée de
Saint-Cyr et vint les terminer à Paris au
lycée Napoléon.

Camille-Hyacinthe fut loin d'être un
brillant élève.

Jamais on n'eut à l'inscrire au nombre
des lauréats de sa classe. Il ne se distin-
guait que par le sérieux de son caractère
et par ses allures magistrales; ne se liant
avec aucun de ses condisciples, ne prenant

part à aucune espèce de jeux, et n'ouvrant
la bouche qu'en classe, chose incompréhensible chez un enfant qui, plus tard,
devait professer un si grand amour de la
parole.

L'enthousiasme des jeunes lycéens pour
la gloire impériale ne gagna jamais notre
taciturne élève.

Son cœur ne battait point au récit de
nos conquêtes, et son œil restait indiffé-
rent et morne quand il voyait défiler,
drapeaux au vent, nos immortelles pha-
langes.

— Hum! grommelait le père Barrot,
je serai bien surpris si ce gaillard-là de-
vient maréchal de France!

— Nous en ferons un abbé, disait en
riant madame Barrot.

— Je ne serai ni l'un ni l'autre, interrompit Odilon.

— Pesté !... Alors, que seras-tu ?

— Je veux être avocat ! répondit-il avec un accent de solennité remarquable.

— Ambitieux ! dit le père Barrot en lui frappant sur l'épaule.

Derrière le colosse de l'Empire, le digne homme voyait déjà l'étoile parlementaire se lever dans une brume transparente. Il se garda bien, par conséquent, de mettre à la vocation de son fils la plus légère entrave.

Odilon fait son droit au sortir du collége.

Toujours gourmé, toujours silencieux, il ne quitte l'école que pour retourner à

ses livres. A cette époque de jeunesse et
d'effervescence où les passions s'allument,
on ne remarque pas en lui le moindre
entraînement pour le plaisir, et les plus
frétillantes grisettes du quartier Latin
n'excitent point sa convoitise.

Il a le séjour des estaminets en horreur.

Un de ses condisciples essayant de l'en-
traîner chez Procope, Odilon lui laisse
son manteau entre les mains, ce qui donne
parfaitement la mesure de la conduite
qu'aurait tenue cet autre Joseph en présence de n'importe quelle Putiphar mo-
derne.

A vingt et un ans, il reçoit son di-
plôme.

En 1814, au premier retour des Bourbons, il sollicite et obtient des dispenses pour être admis comme avocat aux conscils du roi et à la cour de cassation.

« Un goût dominant pour les régions arides du droit strict, à un âge où l'on aime de préférence les débats passionnés et les émotions de cour d'assises, dit Loménie, révélait déjà cette *aptitude de théoricien* qui distingue particulièrement M. Odilon Barrot. »

Hélas! cette malheureuse aptitude a passé de l'avocat chez l'homme politique!

L'orateur qui a consacré vingt ans à développer ses creuses théories pour arriver, comme application, à l'histoire des banquets et au casse-cou de Février ne doit pas être aujourd'hui fort orgueilleux des éloges de son premier biographe.

Camille-Hyacinthe-Odilon, comme son père, offrit aux rois de la branche aînée l'hommage d'un absolu dévouement. La brume commençait à disparaître, et l'étoile prophétique du père Barrot annonçait d'éclatantes splendeurs.

Notre jeune avocat fut un de ceux qui protestèrent contre le retour de l'île d'Elbe par leur présence en habit de garde national dans la cour des Tuileries, au moment où César y rentrait en maître [1].

----

[1] Quelques jours auparavant Odilon avait assisté au départ du roi, toujours en habit de garde national. On trouve le passage qui va suivre dans une brochure signée par M. Barrot lui-même :

« Au mois de mars 1815, lorsque le gouvernement

Odilon signa (c'est lui qui nous l'affirme) une audacieuse pétition en faveur de la Charte et du rappel de Louis XVIII.

La seconde Restauration le trouve donc au nombre de ses plus zélés partisans.

Mais notre avocat libéral a des principes auxquels il paraît s'attacher avec une énergie opiniâtre. Voyant que la Charte ne tient aucune de ses promesses, il se

fit un appel à la garde nationale de Paris, j'écrivis au capitaine de la compagnie de grenadiers du 4ᵉ bataillon de la 11ᵉ légion, pour me mettre, avec quelques amis, à sa disposition. Je montais la garde dans les appartements du roi, dans la nuit de son départ. Sa Majesté vit nos larmes et contint l'élan de notre enthousiasme: Je suis certain que cette scène touchante ne s'est pas effacée de sa mémoire; elle est à jamais gravée dans la mienne. »

Peu de mois après avoir écrit ces lignes, M. Barrot déclarait à la Restauration une guerre implacable.

révolte contre un système parjure et, se lance tête baissée dans l'opposition.

De méchantes langues affirment qu'Odilon, très-mécontent de la conduite des royalistes envers son père, jugea dès lors que sa propre fidélité aux descendants de saint Louis n'obtiendrait que de médiocres encouragements pour son ambition personnelle.

On décidera plus tard si la rigidité de principes a été son seul guide, ici comme ailleurs.

Une affaire retentissante ne tarde pas à le mettre en relief.

Dans une petite ville du Midi, quelques protestants ayant refusé de tapisser, au passage de la procession de la Fête-Dieu, là façade de leurs maisons, le juge de paix de l'endroit les condamne pour ce refus à *un franc* d'amende.

La peine, comme on le voit, n'était pas rigoureuse.

Mais elle blessait l'orgueil des fils de Calvin, qui, après avoir échoué devant deux juridictions, en appellent à la cour suprême.

M. Barrot fils accepte leur défense.

Prenant l'article 5 de la Charte, qui garantit la liberté de tous les cultes, il s'en fait une arme pour combattre l'article 6, qui déclare la religion catholique religion de l'État, et parvient à obtenir la cassation de l'arrêt.

Son plaidoyer soulève des tempêtes.

L'abbé de Lamennais, qui était alors le
chrétien par excellence, ne peut réprimer
un élan d'indignation et s'écrie :

— Mais la loi est donc athée ?

— Oui, répond M. Barrot, elle l'est
et doit l'être, si vous entendez par là que
la loi, qui n'existe que pour contraindre,
reste étrangère à la croyance religieuse
des hommes, qui est hors de toute con-
trainte.

Si M. de Voltaire avait eu l'honneur de
vivre au temps d'Odilon, bien certainement il se fût pendu pour n'avoir pas
trouvé cette magnifique riposte.

Notre avocat reçut du garde des sceaux
une verte réprimande.

Mais, en revanche, il obtint l'estime des

calvinistes et l'approbation de tous les im-
pies du royaume.

Cela suffisait à sa gloire.

Quelque temps après, il défend Wilfrid
Regnault, victime innocente impliquée
dans une accusation d'assassinat par des
rancunes politiques.

La cour d'assises de l'Eure avait con-
damné Regnault à la peine de mort.

Odilon est assisté par Benjamin Con-
stant, qui publie pour les besoins de la
cause un éloquent mémoire. Leurs efforts
combinés échouent; la sentence est main-
tenue.

S'adressant au roi, les défenseurs ob-
tiennent que la peine soit commuée en
une détention perpétuelle.

A la Révolution de juillet, Regnault se trouva libre.

Jointes au procès Caron, ces deux affaires établissent la renommée de M. Barrot comme avocat sur une base solide.

Il lui pleut des causes politiques.

Tout naturellement il se lie de plus en plus chaque jour avec l'opposition et prend part à ses manœuvres hostiles. Bientôt le défenseur des accusés politiques doit s'asseoir lui-même au banc des prévenus, en compagnie de Mérilhou, du journaliste Étienne et du général Pajol.

On leur reproche d'avoir organisé une souscription nationale en faveur des victimes de la loi des suspects.

Ils furent condamnés tous les quatre à cinq ans de prison.

Fort heureusement le jury leur vint en aide et les acquitta, sans quoi M. Barrot aurait grossi la liste des martyrs politiques.

Sa haine contre le pouvoir, excitée par la persécution, ne connaît plus de bornes, et nous le voyons solliciter avec instance, en 1827, l'honneur d'être admis dans la fameuse société *Aide-toi, le ciel t'aidera*, qui comptait alors au nombre de ses principaux membres Audry de Puyraveau, Béranger, Duchâtel, Barthe, Auguste Blanqui, Armand Carrel et Guizot.

C'était beaucoup de siéger avec d'aussi glorieux collègues.

Mais cela ne suffit point à l'ambition

de notre homme. Il veut arriver, coûte que coûte, à la présidence de la société secrète...

Au lieu de prendre en mariage une des opulentes héritières que sa renommée d'avocat célèbre et gagnant gros lui permet de choisir, il sacrifie la richesse de la dot à ses espérances politiques, et recherche la fille de Labbey de Pompières, un des patriarches du parti radical.

Ce noble désintéressement lui conquiert toutes les voix pour la présidence.

On l'installe dans le fauteuil.

Mais, hélas! une fois à la tête du club mystérieux et révolutionnaire, on découvre en lui les premiers symptômes de cette indécision fatale et de cette nullité présomptueuse dont il devait donner par la suite un si grand nombre de témoignages.

Déjà le ciel politique était sombre.

Nos conspirateurs prenaient en main les carreaux de la foudre, mais le sage Odilon désarmait de son mieux tous ces Jupins impatients, qui réclamaient l'application du système de la violence.

Il avait une peur terrible qu'on ne le choisît pour chef d'une révolte.

Très-expert à manier la parole, il déclinait sa compétence pour le fusil, et prêchait les voies légales à une association qui avait l'illégalité pour base.

On résolut d'agir sans le concours de ce faiseur de harangues.

La surprise d'Odilon Barrot fut extrême

lorsqu'il vit éclater la Révolution de juillet sans qu'il en eût donné le signal.

Néanmoins, revenu de son étonnement,
et bien certain, dans la matinée du 30,
que la fusillade ne recommencera plus,
il endosse à la hâte un splendide uniforme
de capitaine, bien qu'il n'eût été jusque-
là que simple soldat dans la milice citoyenne, et court à l'Hôtel de Ville, où
La Fayette l'adjoint à la commission du
gouvernement en qualité de premier secrétaire.

L'association de ces deux hommes était
logique.

Quoi qu'on ait pu dire du La Fayette en
cheveux blancs, ce défenseur de la liberté
des deux mondes ne fut jamais, politique-

ment parlant, qu'une célèbre dupe. Toujours débordé, toujours mystifié par les événements, il était conduit par eux lorsqu'il s'imaginait les conduire.

Moins célèbre que La Fayette, Odilon Barrot devait être, dix-huit ans plus tard, aussi vain, aussi aveugle, aussi berné que lui.

Toutefois, en Juillet, si M. Barrot ne gouverna pas les circonstances, on peut affirmer qu'il gouverna son patron. Ce fut lui qui empêcha La Fayette d'accepter les offres de présidence républicaine que lui apportaient une cohorte de jeunes démocrates, amenés à l'Hôtel de Ville par Pierre Leroux.

Le 31, dès l'aurore, M. Barrot force la

porte du vieux général et l'arrache brusquement au sommeil pour lui peindre les douceurs de la monarchie républicaine. Séance tenante, il rédige ce fameux programme de l'Hôtel de Ville, mythe sacré par lequel nous l'avons entendu jurer tant de fois, et La Fayette, séduit, entraîné, se décide le même jour à montrer au peuple, assemblé sous le balcon du Palais-Royal, la meilleure des républiques en chair et en os.

On n'a pas oublié que cette république était monseigneur le duc d'Orléans.

Après avoir assuré les destins de la monarchie nouvelle, notre infatigable Odilon se charge de décider l'ancienne à quitter le territoire.

Il prend avec lui deux commissaires [1], et se dirige sur Rambouillet, afin de *protéger* le départ de Charles X.

Comme on se l'imagine bien, ces trois hommes reçoivent piteux accueil.

Toute une armée se trouve là, prête à défendre le monarque. Autour de lui des milliers de serviteurs fidèles n'attendent qu'un mot de sa bouche, qu'un signe de sa main, pour combattre et mourir.

Aussi chasse-t-il M. Barrot et ses deux collègues, sans vouloir absolument rien entendre.

Ceci devenait grave pour le Palais-Royal, dont le secrétaire de La Fayette

[1] M. de Schonen et le maréchal Maison.

avait juré de calmer les dernières inquié-
tudes. ...

On se décide à effrayer Charles X par
une démonstration. Les héros de carrefour
n'ont point encore déposé les armes. Plusieurs colonnes menaçantes se précipitent
sur le chemin de Rambouillet. M. Barrot,
toujours suivi de ses collègues, précède les
hordes populaires.

Introduit de nouveau près de Charles X,
il lui annonce l'arrivée du peuple.

Le roi hausse les épaules et lui tourne
le dos.

— Sire!... au nom du ciel, rappelez-
vous le voyage de Varennes! s'écrie le
chef des commissaires avec un ton mélo-
dramatique, et la larme à l'œil. Quittez la

France aussi promptement que possible !
On a retenu Louis XVI dans sa fuite... Comprenez-vous, sire, pourquoi nous désirons hâter la vôtre?

Charles X devint très-pâle.

Un instant après, le départ pour Cherbourg était résolu.

M. Barrot se hâta d'écrire à Louis-Philippe pour lui annoncer l'heureuse nouvelle, et surtout pour empêcher qu'on ne l'oubliât.

Puis, en homme de prévoyance, montrant le duc de Bordeaux à Charles X, il osa lui dire, à l'heure des adieux :

« — Sire, veillez bien sur les jours de cet auguste enfant ! Les destins futurs de la nation peuvent reposer tout entiers sur lui. »

Cela s'appelle, en langue vulgaire, ménager la chèvre et le chou.

La famille royale eut, dès lors, la pleine conviction que M. Barrot agissait en homme de cœur, et que son unique but, en la faisant échapper aux périls du présent, était de sauvegarder l'avenir.

Sur la demande d'Odilon, Charles X lui signe un certificat de bonne conduite [1], et

---

[1] Le commissaire ne crut pas devoir consulter ses collègues avant de demander cette pièce au roi, et ceux-ci furent très en colère lorsqu'il la leur mit sous les yeux.

Voici la teneur du certificat :

« Je me plais à rendre à messieurs de la commission la justice qui leur est due, ainsi qu'ils m'en ont témoigné le désir. Je n'ai eu qu'à me louer de leurs attentions et de leurs respects pour ma personne et pour ma famille.

« CHARLES X. »

madame la Dauphine lui fait cadeau d'une
feuille de papier, en tête de laquelle sa
main illustre avait écrit ces mots : MARIE
THÉRÈSE.

De retour dans la capitale, le secrétaire
de La Fayette, en dépit de son épître re-
mémorative au lieutenant général du
royaume, trouva les meilleurs emplois
distribués. Il ne restait plus à sa disposition le moindre portefeuille.

On ne put lui offrir que la préfecture
de la Seine, en récompense de ses bons et
loyaux services.

M. Barrot fit la grimace.

Il supplia le roi citoyen de le dispenser
d'une charge peu conforme à ses goûts
et qui nécessairement troublerait sa vie.

— Pourquoi cela, mon cher monsieur

Barrot? Suivez mon exemple, répondit la majesté de fraîche date. Je fais le sacrifice de mes goûts et de mon repos au bien de la France.

Et M. Barrot se dévoua comme Louis-Philippe.

Dans la période gouvernementale qui s'accomplit de 1830 à 1848, on conçoit que l'esprit français ait inventé le double type de Robert-Macaire et de son ami Bertrand.

Trois collèges électoraux firent à Odilon Barrot l'honneur de l'envoyer à la Chambre[1]. Il entra fièrement dans cette arène qui allait être témoin de ses luttes gigantesques et de ses triomphes oratoires. Son

[1] Les collèges de Laon, de Brionne et de Strasbourg.

premier soin fut de témoigner sa rancune
aux hommes avides qui avaient accaparé
les portefeuilles à son détriment.

M. Barrot se mit à attaquer les ministres
avec toute la puissance de sa parole.

Il leur jeta dans les jambes mille entraves, blâmant leurs actes dans ses pro-
clamations comme préfet de la Seine, et
recherchant toutes les occasions d'empié-
ter sur la hiérarchie administrative.

Une conduite pareille devenait intolé-
rable. Elle souleva contre lui la haine du
ministère.

On assistait chaque jour à de plus vifs
et à de plus acrimonieux débats entre
notre personnage et MM. Guizot et Montalivet. Ce dernier, que le grand orateur
affligeait de la dédaigneuse appellation de

jeune *ministre,* perdit tout à coup pa-
tience.

Du haut de la tribune, à son tour, il
mortifia M. le préfet de la Seine.

Rouge de colère, Odilon Barrot oublia
sa nature essentiellement pacifique, et
lança un cartel, en pleine Chambre, à la
tête de son ennemi.

Beaucoup moins belliqueux le lendemain, M. le préfet ne jugea pas à propos
d'affronter la moindre balle.

Il fut décidé qu'on le destituerait sans
plus de retard.

Guizot jetait dans l'esprit de Louis-Philippe un levain d'aigreur contre ce fonc-
tionnaire brouillon. Cependant on essaya
de le renvoyer sans trop d'esclandre. Le

roi, très-habile en ruses, et craignant de mécontenter La Fayette et Dupont (de l'Eure), deux amis de M. Barrot, s'avisa de l'honnête expédient que voici.

Dupont (de l'Eure) fut mandé au château.

« — Je viens, lui dit le roi, de causer avec La Fayette de la destitution de Barrot, que j'ai résolue. Elle l'afflige; cependant il la supportera, si je le dispense de s'en mêler.

« — Pardon, sire... La Fayette n'a pu vous faire une telle réponse, dit Dupont (de l'Eure).

« — Comment! est-ce un démenti que vous me donnez, monsieur?

« — Non, sire; mais La Fayette vient de me parler dans un sens tout autre. Il n'est pas homme à changer d'avis aussi brusquement.

« — Je le disais bien, cria le roi, vous me donnez un démenti !

« — Je soutiens la vérité, sire. Du reste, il est inutile de discuter davantage. Veuillez accepter ma démission.

« — Comme il vous plaira, monsieur. Seulement on saura que vous la donnez après m'avoir manqué de respect.

« — Je dirai le contraire, sire.

« — Eh bien, monsieur, je vous démentirai, et je ferai appel à l'opinion publique.

« — Prenez garde, sire ! on pourrait écouter la voix du citoyen de préférence à celle du roi. »

Louis-Philippe eut bouche close.

Il pria Dupont (de l'Eure) de conserver son portefeuille.

Mais, comme on persista dans le renvoi du préfet de la Seine, le respectable ministre donna sa démission.

Voilà donc tout d'abord M. Barrot, le plus méritant des architectes dynastiques, brouillé avec le système. Il s'assied au banc des ennemis du ministère et déploie une magnifique activité... de parleur.

On le charge du rapport sur le rétablissement du divorce.

Puis, Montalivet, sa bête noire, ayant osé qualifier Louis-Philippe de *roi de France* et les Français de *sujets*, il s'élève énergiquement contre ces prétentions outrecuidantes de la monarchie citoyenne, et décide cent cinquante-sept membres à protester avec lui contre le titre de *sujets*.

Quelques mois plus tard, le Jupiter tonnant du Corps législatif rédige une protestation contre l'état de siége.

Il défend l'accusé Geoffroy, fait annuler par la cour de cassation la sentence des conseils de guerre, et demande à cor et à cris, dans l'espoir d'un acquittement peu souhaité du roi, que la duchesse de Berry vienne répondre de sa conduite à la barre des tribunaux.

Ah! c'était le bon temps pour les faiseurs de phrases, pour les fabricants de périodes sonores!

Ils pouvaient enfler et grossir à plein

souffle le ballon de leurs théories libérales..
Dignes-émules du fougueux héros de la
Manche, ils se précipitaient à corps perdu
contre les moulins à vent du système, et
poursuivaient, lance baissée, tous ces malheureux moutons du centre.

Portant la mèche aux canons de son
éloquence, M. Barrot foudroyait ses ad-
versaires par une bordée d'expressions
pompeuses : *patriotisme, — dignité politique, — honneur national, — désintéressement; — sincérité électorale,* etc.

Relevez-vous donc, après avoir reçu en
pleine poitrine un de ces mots terribles !

Tous les matins, le boutiquier prenait
la gazette, et, quand il y trouvait, — chance
heureuse ! — un discours d'Odilon Bar-

rot, il se hâtait de l'apprendre par cœur
et le récitait à sa femme, à ses enfants, à
tout son voisinage, avec la foi du catholique disant son *Credo*. Dans les cercles
bourgeois, dans les estaminets, dans les
tables d'hôte, chaque phrase était com-
mentée, chaque mot devenait sublime. Le
National signalait entre parenthèses les
énergiques applaudissements de la gauche,
et le pays faisait chorus; toute la France
libérale battait des mains.

Cette mystification dura dix-huit ans.

Notre orateur était grave, sa parole
était sentencieuse, son geste solennel; ses
mœurs passaient pour austères, et ses
plus grands ennemis politiques le décla-
raient irréprochable.

Orgueilleux de son succès, M. Barrot ne négligeait aucun moyen de l'accroître.

Tout dans son extérieur, sa voix, son geste, sa démarche, son attitude, sa toilette, concourait à ce but.

Une calvitie précoce ayant affligé son crâne, il apportait une étude extrême à l'arrangement de ses rares cheveux, afin de donner au front plus de hauteur, plus de largeur et plus de puissance. Toujours habillé, pour monter à la tribune, comme un magistrat en visite, il soignait les moindres détails de sa mise. Habits, gilets, bottes, chapeau, gants, cravate, subissaient la loi d'une élégance invariablement correcte et digne.

Il avait dans ses manières beaucoup de réserve.

Sa politesse froide semblait inviter chacun à se tenir à distance, ou à se ranger
au passage de l'homme supérieur.

Aujourd'hui, ce demi-dieu, malgré sa
chute, conserve la même tenue imposante.

C'est le type le plus parfait qui existe,
ici-bas, de l'orgueil naïf et du contente-
ment de soi-même. Aussi calme dans sa
décadence qu'il l'était dans son élévation,
peut-être ne s'est-il jamais rendu compte
ni de l'une ni de l'autre, semblable à ces
poupées de cire qui conservent le même
visage, soit qu'on les habille de pourpre,
soit qu'on les couvre de haillons.

M. Barrot ne fut jamais ce qu'on appelle
un grand orateur.

Il était guindé, glacial et loquace.

Au fond de l'âme il n'avait ni passion ni verve. Tout son mérite oratoire consistait à parler trois heures de suite, et voilà ce qui doit confondre jusqu'à la fin des siècles le jugement des boutiquiers et des bourgeois.

Perpétuellement, ils seront en extase devant ce flux incompréhensible de la parole humaine.

Jamais, du haut de la tribune, M. Barrot n'a laissé tomber de ses lèvres une de ces grandes pensées qui viennent du cœur.

Ses triomphes tenaient uniquement à des procédés physiques et à l'adresse de la pantomime. Au début de son discours, il faisait ronfler la phrase à outrance; puis,

graduellement, elle descendait à une
morne et désespérante langueur.

M. Barrot s'efforçait, à la péroraison,
de réchauffer ce robinet d'eau tiède.

On l'entendait alors se livrer à de véritables pétarades oratoires ; il prodiguait
les éclats de voix, les grands gestes, les
poses majestueuses, les effets de front,
agitant un bras terrible et brisant la tribune à coups de poing, comme s'il eût
voulu donner aux mots toute la vigueur
qu'ils n'avaient pas.

Odilon Barrot, ainsi que nous l'avons
dit, parlait une heure, deux heures, trois
heures, *ad libitum*.

Toutefois, il lui était impossible de suivre longtemps la même thèse. On le voyait

se perdre dans une foule de considérations diffuses. Comprenant bientôt qu'il allait se noyer dans le vague, il avait soin de jeter quelques phrases irritantes à ses ennemis politiques.

Ceux-ci ne manquaient jamais de lui renvoyer la flèche.

Alors Odilon, qui tenait en réserve pour leurs apostrophes hostiles ses plus beaux effets d'orgueil offensé, lançait contre eux des périodes chargées à mitraille et désembourbait son éloquence.

On était généralement pris à cette ruse.

Un seul homme eut l'œil assez subtil pour découvrir la ficelle. Ce fut M. Guizot.

— En vérité, c'est étrange, disait, rue de la Ville-l'Évêque, un diplomate en re-

traité fort connu, ce diable de Barrot conserve ses moyens oratoires... Il est toujours superbe !

— Je ne le conteste pas, répondit Guizot avec un fin sourire. Mais essayez de
faire silence, et vous verrez.

Ceci se passait à la fin de 1848.

Pour la première fois, le héros de cette
notice était en possession d'un portefeuille.

On donne le mot d'ordre à toute la
Montagne, et le citoyen Miot lui-même, ce
coryphée des interrupteurs, jure de ne pas
desserrer les dents.

M. Barrot monte à la tribune.

Il chevauche quelque temps sur le dada
de son éloquence habituelle ; puis, comme
de coutume, il tombe dans l'ornière. Je-

tant alors les yeux du côté de la gauche, il est frappé de stupeur en voyant ses ennemis lui sourire.

Décidément il se croit perdu.

Sa lèvre frémit, son œil s'égare. Néanmoins, faisant un effort sur lui-même et ne cédant point à la détresse, il jette aux montagnards cette phrase provocatrice :

« — Qui donc osera contester ce que j'affirme? Où est celui qui viendra me démentir?

« — Chut! fait-on de toutes parts sur les bancs rouges.

« — Allons, qu'il se lève...

« — Chut!

« — Qu'il apporte ses preuves; je l'attends de pied ferme...

« — Chut! chut! »

On n'envoie pas au pauvre Démosthènes la moindre réplique. L'effroi le gagne, une sueur glacée perle sur ses tempes.

Modifiant son plan d'attaque, il entame, en désespoir de cause, une épouvantable diatribe contre les soutiens et les fauteurs de l'anarchie. Son bras menace la Montagne, ses yeux éclatent comme des brasiers.

Le citoyen Miot n'y tient plus.

Oubliant sa promesse, il se lève pâle d'indignation. Mais on l'oblige à se rasseoir, et les *chut* recommencent sur toute la ligne. Odilon vaincu ne trouve plus une parole.

Il descend de la tribune, penaud, déconfit et portant bas l'oreille.

Guizot n'avait pas tort.

Ce fut lui qui dit un jour à notre héros :

« — Je vous connais, mon cher. Il y a cinquante ans, vous vous appeliez Péthion : c'est-à-dire que vous êtes la probité peureuse, l'indécision solennelle, et la nullité grave. »

En effet, pendant dix-huit ans, Odilon Barrot n'eut pas, en politique, un seul élan de sérieuse initiative.

Il n'eut qu'une idée fixe, devenir ministre.

Girardin enrichi n'eut pas non plus d'autre ambition. Seulement nous devons

lui rendre cette justice qu'il désira surtout
le pouvoir afin d'appliquer ses idées gouvernementales et financières; — car, bon-
nes ou mauvaises, il a des idées, lui! —
au lieu que ce cher M. Barrot, comme
nous disait, l'autre soir, un vieux colonel
du premier Empire, n'a jamais passé au
conseil de guerre pour avoir volé le Saint-
Esprit.

Toute sa tactique libérale tendait au
portefeuille.

Il attaqua les ministres, en vertu de
ce principe adopté par les personnalités
ambitieuses :

« Ote-toi de là que je m'y mette! »

Notre homme fit la courte échelle à
son ami Thiers, espérant que Mirabeau-

mouche inventerait une combinaison quelconque où lui, Barrot, deviendrait possible; mais cette espérance, comme beaucoup
d'autres, s'évanouit complétement.

« Lorsque Thiers tomba, dit Loménie,
M. Barrot le reçut dans ses bras et le
pressa sur son cœur. »

Odilon-Démosthènes reprit sa bonne
lance oratoire pour transpercer d'outre
en outre le ministère du 29 octobre.

Véritablement on est scandalisé de voir
ce don Quexada de l'opposition jeter ainsi
feu et flammes, et brûler le monde pour
se faire cuire un œuf.

Jamais M. Barrot ne s'occupa que de
ses intérêts propres; ceux du pays lui im-
portaient médiocrement; et là-dessus on

le trouvait d'une complète indifférence.
Aux plus tristes époques de misère, il refusa toujours de provoquer une enquête
sur le sort des classes indigentes et labo-
rieuses. Son âme, doublée d'égoïsme et
d'instincts bourgeois, ne voyait rien au
delà de ses rêves d'ambition mesquine.

Et la preuve de ceci, la preuve irréfra-
gable, c'est que M. Barrot n'attaquait jamais que les ministres.

Nonobstant toutes ses colères à la Chambre, il entretenait au fond de son cœur
pour le roi citoyen une sympathie pleine
de tendresse. De son côté, Louis-Philippe
ne gardait pas rancune au chef de la gauche. Il ne se trompait point au mobile qui
le faisait agir.

L'anecdote suivante va le démontrer.

Pendant les troubles qui éclatèrent au convoi du général Lamarque, Odilon se rendit aux Tuileries, accompagné de Laffitte et de François Arago, pour supplier le roi de changer de système.

Rien de plus amusant que le dialogue qui s'établit entre nos trois députés et Louis-Philippe.

Celui-ci jura ses grands dieux qu'il était resté fidèle à tous ses engagements.

— En quoi les ai-je violés? s'écriait-il, et quel système me proposez-vous?

Ces messieurs, fort embarrassés, balbutièrent.

Odilon Barrot savait très-bien ce qu'il

ne voulait pas; mais le difficile était de
définir ce qu'il eût voulu. Tournant l'ob-
stacle, il se mit à protester de son désintéressement avec beaucoup de chaleur.

« — Sire, cria-t-il, je suis prêt à signer
de mon sang ma renonciation à toute place
quelconque! »

Un sourire narquois effleura la lèvre de
Sa Majesté citoyenne.

Elle connaissait parfaitement le faible
de l'homme et ne se laissait point éblouir
par ses protestations pompeuses.

Louis-Philippe frappa familièrement sur
la cuisse du célèbre orateur, et répondit
d'une voix encourageante :

« — Non, monsieur Barrot, non, je

n'accepte pas la renonciation que vous m'offrez [1] ! »

Comme le roi, Guizot ne se méprenait pas sur les sentiments réels du chef de l'opposition dynastique. Un jour que ce dernier l'attaquait sans miséricorde à la Chambre, il lui jeta au visage ces paroles prophétiques :

« — Monsieur, si jamais vous êtes à ma place, vous ferez comme moi ! »

Tout individu qui aspire au ministère éprouve le besoin d'avoir un organe solide dans le domaine de la publicité. Voilà pourquoi M. Barrot jugea convenable d'offrir au *Siècle* son patronage.

[1] Extrait du procès-verbal de cette entrevue, signé par Arago, Laffitte et Barrot lui-même.

Il avait cédé, moyennant la bagatelle de deux cent mille francs, sa charge au conseil d'État et à la cour de cassation ; mais sans renoncer toutefois à plaider certaines causes importantes et lucratives.

Le premier soin de ce roi de la tribune, après avoir palpé les fonds de son acquéreur, fut de se faire inscrire au tableau des avocats de la cour d'appel. Il daignait descendre des hauteurs de sa gloire parlementaire pour défendre de riches clients, et trouvait moyen de laisser ouverte à tous la porte de son cabinet de consultation.

Ce fut là que M. Perrée, directeur du *Siècle*, vint lui demander un jour son appui.

Dans l'intérêt de cette feuille et pour

accroître la liste des abonnements, M. Perrée avait outre-passé, comme administrateur, la limite de son mandat.

Voyant approcher avec angoïsse la réunion générale des actionnaires, il confie
ses craintes à M. Barrot.

Les raisons de sa conduite expliquées,
Démosthènes-Cujas lui donne une absolution complète et promet de le défendre.

Mais les actionnaires, instruits des faits
et gestes de l'administration, viennent
consulter à leur tour le prince de la juris-
prudence. Ils récriminent contre M. Perrée, se plaignent de ses empiétements
audacieux et demandent qu'on le traite
avec la dernière rigueur.

Odilon Barrot n'apprenait rien de nouveau.

— Comment, s'écrie-t-il, un homme
investi de votre confiance a-t-il pu se per-
mettre de semblables choses? Il expiera ses
torts, je vous en donne ma parole!

On convoque l'assemblée. L'illustre
orateur débute en ces termes :

« — Il s'est passé, messieurs, pendant
la gestion dernière, des faits inqualifiables.
Dérogeant aux statuts, méprisant les
usages et compromettant peut-être les
intérêts de tous, M. Perrée a commis des
actes qui méritent votre blâme... »

Pendant près d'une demi-heure, il pé-
rore sur ce ton.

Les actionnaires jubilent.

Chaque phrase de l'orateur est couverte d'applaudissements, et M. Perrée ressemble à un homme sur la tête duquel on fait descendre un roc inattendu.

Cependant Odilon Barrot n'a point oublié sa promesse. Il reprend avec un aplomb majestueux :

« — Mais, si votre administrateur a été au delà de ses pouvoirs, examinez avec moi, messieurs, s'il n'y fut point incité par de véritables périls. Avant de l'accuser d'avoir trahi la confiance de ses mandants, voyons s'il n'a pas sauvé notre feuille d'une situation funeste. Tous ces abus, dont vous croyez avoir à vous plaindre, n'auraient-ils pas été commandés par les circonstances ? Un administrateur timoré peut-être eût compromis l'avenir de votre propriété, vos intérêts, votre fortune... »

L'habile avocat brode sur ce thème pendant une autre demi-heure.

Il passe du froid au chaud, du noir au blanc, du pour au contre, à la plus grande satisfaction de chacun. Le directeur écrasé se relève triomphant.

Nous ignorons si M. Barrot toucha doubles honoraires.

Ces notices biographiques, enfermées toutes dans le même cadre, ne nous permettent malheureusement pas de nous étendre au delà des bornes fixées. Le lecteur nous pardonnera de ne point analyser ici les quinze ou dix-huit cents discours prononcés par notre héros, et de ne pas le suivre pied à pied dans ce long trajet parlementaire, qui devait l'amener si fatalement au traquenard de 1848.

M. Barrot, ne voyant pas arriver son portefeuille, continuait à multiplier les entraves sur le chemin du pouvoir, dans l'unique but d'y faire trébucher les ministres.

Il tomba dans son propre piége et se cassa le nez.

Son histoire, hélas! est celle de beaucoup d'autres. Odilon Barrot, qu'on nous permette de le dire, résume en sa personne soixante années de sottise bourgeoise et d'ambition maladroite. Notez que nous n'attaquons pas la bourgeoisie par système : nous lui reprochons seulement son inexpérience, et nous rions d'elle comme d'un enfant qui a voulu marcher sans lisières.

O monsieur Barrot! quelle plaisante histoire que celle de ces banquets, dont vous fûtes le principal instigateur!

O la magnifique et burlesque épopée!

Suivi de MM. Thiers, Rémusat, Ganneron et consorts, que vous aviez une mine terrible en commençant la campagne! Impossible d'attaquer plus énergiquement l'ennemi. Le *droit de réunion*, morbleu! le *droit de réunion!* Ce pauvre Guizot avait l'épée dans les reins; vous ne lui laissiez ni repos ni trêve.

Assistant à seize banquets de suite, vous

avez prononcé seize discours ; vous avez bu seize fois à la réforme électorale.

Et la France entière banquetait, discourait, buvait comme vous.

Le gouvernement, effrayé de vos démonstrations, veut y mettre un terme.

Alors vous annoncez pour le 21 février un banquet monstre, un banquet plus solennel et plus réformiste que tous les autres. MM. Guizot et Duchâtel déclarent à la Chambre que les convives seront dispersés par la force.

Ô grand Odilon ! quelle tempête effroyable tu provoquas contre ces audacieux !

Tous les tonnerres de ton éloquence grondaient. Un instant on put croire que la tribune allait voler en éclats, et que tu ferais crouler sur les ministres la voûte du palais Bourbon.

M. Barrot garantissait à ses collègues qu'il n'y aurait pas le moindre trouble, et, le lendemain, la révolte éclatait.

Par le ciel! à qui la faute? Évidemment c'est aux ministres.

M. Barrot dépose sur le bureau de la Chambre un projet de mise en accusation du ministère; et, le soir même, on commence les barricades; on met le feu aux octrois. Ce n'est plus une émeute; c'est une révolution.

Notre homme s'épouvante et n'y comprend plus rien.

Vous avez vu quelquefois, chers lecteurs,

une malheureuse poule, dans le nid de laquelle une fermière matoise a glissé des œufs de cane. Confiante et sans soupçons, elle achève de couver ; les petits éclosent et se précipitent, le jour même de leur naissance, dans les eaux de la première mare qu'ils rencontrent.

Jugez de la stupéfaction de la couveuse et de celle d'Odilon Barrot !

Au lieu de poulets, l'une a produit des canards ; au lieu de réformistes, l'autre a fait éclore des républicains.

Mais tout n'est pas désespéré.

Quand on est cause d'un malheur, on le répare. Odilon court aux Tuileries. Un moyen, un seul, peut sauver le trône et la France : qu'on le nomme ministre avec le petit Thiers, et la révolte s'apaise, et le sang ne coule plus.

Louis-Philippe signe la nomination. Victoire!

Enfin notre héros le possède, ce porte-feuille tant désiré! Son rêve de dix-huit ans s'accomplit. Pour le réaliser il a fallu de puissants efforts, on a dû risquer de grandes catastrophes; mais tout est fini: Le ciel va s'éclaircir, et le soleil Barrot dissipera le nuage révolutionnaire.

On ne tarda pas à voir paraître, au milieu des rues insurgées et le long des bou-vards, un homme à cheval, faisant de grands gestes et criant:

« — Mes amis, rassurez-vous!... Plus de bataille!.. Nous avons la réforme... Je suis Odilon Barrot... Le roi vient de me nommer ministre ! »

Hélas ! il s'imaginait, le pauvre homme, que le calme allait renaître.

Il croyait au pouvoir de son éloquence, au prestige de son nom. Le peuple lui répondit de sa voix brutale et sinistre :

« — Trop tard ! il est trop tard ! »

Beaucoup moins heureux qu'à la Chambre, le triste Odilon ne trouve que des gens qui lui rient au nez et des faubouriens goguenards qui le sifflent. On méconnaît son importance ; ou ne songe plus, ou peut-être on songe trop à ses admirables discours. Une troupe de gamins l'escorte sur toute la ligne des boulevard ~~avec des cris~~ indécents.

M. Barrot n'en continue pas moins sa route et ses exhortations.

A la hauteur du boulevard Bonne-Nouvelle, le peuple impatienté lui envoie, non pas le plomb contenu dans ses fusils, mais d'ignobles projectiles ramassés dans le ruisseau.

Ce dernier manque de respect décide le malencontreux orateur à rebrousser chemin et à regagner la Chambre, où il entame l'air de la régence.

Mais presque aussitôt il reste muet d'épouvante.

Là, devant lui, sous ses yeux, M. Barrot voit se dresser le fantôme rouge de la République : il était contenu dans la boîte dont ce grand enfant étourdi venait de presser le ressort.

Adieu pouvoir! adieu portefeuille! adieu présidence du conseil!

Honni, conspué par les nouveaux venus, l'apôtre de la réforme électorale, le patron de l'adjonction des capacités, faisait, le lendemain, triste mine devant le colosse appelé suffrage universel.

Ce tribun à l'œil foudroyant et terrible, qui, hier encore, bravait le ministère et poussait le pays à la guerre civile, n'a plus aujourd'hui ni admirateurs, ni crédit, ni puissance.

Nouveau Tantale, il a vu le portefeuille, objet de sa convoitise et de son appétit vorace, disparaître au moment où il s'apprêtait à le saisir.

La révolution qu'il a fait éclore le repousse.

Elle le méprise, comme un père indigne qui n'est plus à sa taille, et dont elle n'accepte ni la tutelle ni le concours.

Revenu de son premier étourdissement, M. Barrot avait cru devoir se rendre à l'Hôtel de Ville pour y faire ses offres de service aux provisoires.

Ceux-ci, redoutant la concurrence de ce grand génie politique, et cédant à une jalousie mesquine, eurent l'indélicatesse de lui répondre par un refus.

Ils écartèrent ce flambeau qui venait à eux.

Lamartine, Marrast et Ledru-Rollin ne voulurent croire ni à la vieille expérience d'Odilon, ni à son talent parlementaire, ni au sacrifice de sa personnalité, ni à son dévouement, ni à son courage.

Notre héros, confus et le cœur plein de fiel, regagne son logis, rue de la Ferme-des-Mathurins:

Un rassemblement nombreux stationne à sa porte.

Il est tout surpris de se voir entouré d'une foule aux allures bienveillantes et d'entendre résonner à son oreille ce cri flatteur :

« — Vive Odilon Barrot! vive le père du peuple! »

Le grand homme remercie la Providence. Elle lui doit cette consolation dans son infortune. Comme Scipion l'Africain traduit devant les comices, il entame aussitôt un discours apologétique dont la péroraison, sans nul doute, eût contenu ces mots triomphants : « Montons au Capitole et rendons grâce aux dieux! »

Mais à peine a-t-il prononcé deux phrases, que des sifflets l'interrompent.

Un abominable charivari succède aux cris de louange.

Cette multitude railleuse attendait M. Barrot à sa porte pour lui faire subir une dernière et cruelle mystification.

Hélas! les décrets d'en haut sont impénétrables, et l'homme de mérite, ici-bas, est trop souvent méconnu!

M. Barrot comptait sur la justice du ciel. Il ne renonça point à la politique.

Les électeurs du département de l'Aisne eurent le bon esprit de ne pas le déshériter de leurs votes, et le renvoyèrent à la Chambre, où nous le trouvons au nombre des commissaires chargés d'élaborer la constitution républicaine.

« Il opposa, dit un journaliste, la digue de sa sagesse et de sa prudence aux élans téméraires d'une horde de législateurs improvisés, et remplit les fonctions de

contre-poids, sans lesquelles une horloge
ne marche pas. »

C'était bien le moins qu'après s'être fait
incendiaire, comme Lamartine, il se fit
aussi pompier.

M. Barrot, fatiguant les destins ennemis, put entendre sonner enfin l'heure
de son élévation au ministère. Honoré de
la confiance du président de la République,
il fut nommé garde des sceaux et président du conseil.

Une députation de l'ordre des avocats
se mit en marche pour la place Ven-
dôme.

Le nouveau ministre accueillit avec une
bienveillance gracieuse les congratulations
de ses confrères. Il sut y répondre par un

discours superbe, à la fin duquel, élevant son langage à la hauteur de la position conquise, il s'écria :

« — Me voici maintenant, messieurs, à l'âge où l'homme se repose en pleine tempête politique [1] ! »

Après ce logogriphe grandiose, il s'inclina majestueusement et congédia la députation.

Notre homme, une fois revêtu de sa nouvelle dignité, s'y cramponna, — qu'on nous permette de nous exprimer de la sorte, — par tous les angles d'un orgueil longtemps inassouvi.

Certains échecs au pied du scrutin,

[1] Voir le *Moniteur* des 26 et 27 décembre 1848.

devant lesquels tout autre se fût retiré, le trouvèrent impassible.

Il serait encore ministre si l'on n'eût accepté sa démission.

La gravité de M. le président du conseil ne l'empêchait point de donner à sa toilette des soins extrêmes. Il redoubla de coquetterie pendant son règne administratif, s'appliquant par tous les moyens possibles à conserver une taille souple et gracieuse.

Désolé de se voir épaissir avec l'âge, il eut recours à mille artifices pour combattre les progrès de l'obésité.

M. Barrot ne sort en aucun temps et sous aucun prétexte sans avoir passé son fameux pantalon à corsage.

On parle même d'un corset pour les grandes occasions.

Ce qu'il y a de positif, c'est qu'il est sanglé visiblement sur toutes les coutures. Mais la corpulence ennemie, comprimée dans l'étau de ses vêtements, se trahit et saute aux yeux, quoi qu'il fasse.

Rentré chez lui, son premier soin, comme de juste, est de se mettre à l'aise. Il donne à ses gens une consigne rigoureuse, et n'y est invariablement pour personne.

Que de fois, à la ville comme à la tribune, il a maudit la nature, qui gratifiait M. Guizot de jambes si fines et si sèches, et M. Molé d'une si parfaite élégance dans sa maigreur !

Tout, en ce monde, est vanité.

Les plus beaux corps se déforment et es plus hautes fortunes s'écroulent.

Dès la fin de septembre 1849, on put lire dans les journaux quelques faits-Paris annonçant une indisposition de M. Odilon Barrot. Ce n'était pas lui, c'était son portefeuille qui se trouvait malade, — et cela sans guérison possible.

On l'enterra définitivement le 31 octobre.

Pour mettre le comble aux douleurs du ministre congédié, son frère, son propre frère, entra dans le nouveau cabinet.

Jamais Odilon ne pardonna ce méchant tour à Ferdinand. Sa rancune, dit la chronique intime, alla jusqu'à s'exprimer du bout de la botte par un geste peu fraternel. La scène se passait en famille, et le

ministre du 31 octobre rendit, séance tenante, à l'ex-président du conseil le geste
et l'apostrophe.

Quelques heures avant d'apprendre la
révolution qui s'opérait dans son histoire
politique, M. Barrot, tranquillement en-
fermé dans sa villa de Bougival, essayait
un magnifique costume de garde des
sceaux, commandé tout exprès pour une
cérémonie qui se préparait, le jour même,
dans la magistrature.

Une fois paré de la simarre, de l'épi-
toge et de l'hermine, il s'étend dans une
chaise longue et dicte à son secrétaire le
discours qu'il doit prononcer.

Quelqu'un vient l'interrompre.

C'est son maître d'hôtel qui lui apporte
le menu d'un dîner splendide; car, après

l'investiture, cinquante magistrats s'assiéront à la table du ministre.

Odilon Barrot approuve le menu, congédie le maître d'hôtel et achève son discours.

A peine la dernière ligne est-elle écrite, que M. Dufaure entre tout à coup avec un visage bouleversé.

— Qu'avez-vous, au nom du ciel? demande l'homme à la simarre.

La réponse de M. Dufaure se devine. Il accourait prévenir son collègue de la disgrâce commune. Bientôt les autres membres du cabinet paraissent à leur tour et confirment la nouvelle.

M. Barrot resta jusqu'à la nuit immobile et livide, comme un homme frappé de la foudre.

Il en était pour son ministère, pour son costume et pour son dîner.

Dans les journaux de l'époque, nous lisons que le président de la République, afin de le consoler de sa retraite et de lui donner un éclatant témoignage d'estime, le nomma, par cinq décrets successifs, chevalier (M. Barrot ne l'était pas encore), officier, commandeur, grand officier et grand cordon de l'ordre de la Légion d'honneur.

L'ex-ministre refusa toutes ces hautes distinctions. Bien certainement la rancune et le dépit n'entrèrent pour rien dans ce refus.

Tombé du ministère, M. Barrot retourna s'asseoir à la Législative.

Depuis le 2 décembre, il ne donne aucun signe de vie politique[1]. On assure que, dans sa terre de Bougival, il s'occupe avec beaucoup de sollicitude de l'amélioration de la truffe.

Il cherche également, dans ses heures de repos agricole, un remède à la maladie des pommes de terre.

Plusieurs de ces tubercules, soignés par sa vigilance, ont eu le bonheur de recouvrer une santé parfaite.

---

[1] Certains journaux prétendirent que, le 21 janvier 1851, Odilon Barrot avait été appelé à l'Élysée pour composer un ministère, et qu'il avait demandé la destitution du préfet de police Carlier, ce à quoi le président de la République n'aurait pas cru devoir consentir. Trois mois après, en avril, on fit courir des bruits analogues: C'était M. Chambolle et tous les vieux de l'orléanisme qui se remuaient et criaient à l'Élysée: « Prenez notre ours! » M. Chambolle, en politique, est une copie de M. Barrot; avec plus de suffisance, plus d'orgueil, et plus d'incapacité.

A l'une de nos dernières expositions d'horticulture, M. Barrot envoya des champignons perfectionnés, qui atteignent, au dire des hommes les plus habiles dans l'art culinaire, un degré de saveur inouï jusqu'à ce jour.

On les a nommés champignons-Barrot.

L'espèce humaine est ingrate et surtout oublieuse.

Des innombrables amis de l'ancien chef de la gauche dynastique, fort peu le visitèrent dans son ermitage de Bougival.

M. Barrot se mit à voyager pour tromper l'ennui: Rome et Londres eurent l'honneur de l'abriter tour à tour. Six mois durant, il se livra, dans cette dernière ville, à de sérieuses études sur les ressorts et les effets de la constitution anglaise [1], espérant y découvrir les éléments d'une Charte perfectionnée.

Nous ne rechercherons pas quel motif ou quelle espérance ont pu le faire ainsi déroger à ses habitudes; car M. Barrot ne travaille que très-rarement et ne lit jamais.

Il médite.

On ne lui reconnaît aucun esprit de conversation. Ne fréquentant pas le monde, il ne peut y avoir de succès. Presque toujours à la campagne, il a horreur de la vie agitée des villes.

Son existence est celle d'un sage ou d'un homme qui boude.

[1] Revenu de Londres, il fut élu membre de l'Académie des sciences morales et politiques.

Cependant, au sein même de sa retraite champêtre, il conserve cette manie
de la pose qui est un des traits caracté-
ristiques de sa nature.

Quand il vient à Paris, il ne manque
jamais de laisser stationner quatre ou cinq
minutes devant sa porte l'omnibus qui
mène au chemin de fer. Les voyageurs
s'impatientent. Ils cherchent des yeux
le personnage qui a le droit de se faire
attendre et finissent par voir arriver
M. Barrot.

Il s'avance à pas lents, dans toute sa
majesté.

Sa boutonnière porte une rose, un
bouquet de lilas ou des violettes, suivant
la saison.

Dans l'omnibus, il ne regarde personne et affecte de lire des livres anglais. A l'embarcadère, il ne s'assied pas. Il pose au milieu de la salle d'attente, le front dans ses mains, ou se promène de long en large, la tête inclinée sous le poids de la méditation. De temps à autre, il lève les yeux, afin de voir si on le remarque.

On le remarque, en effet, mais pour sourire de son orgueilleux enfantillage et de sa mine pédantesque.

En résumé, la population de Bougival admire peu ce grand homme en décadence. Un paysan de l'endroit nous disait un jour plaisamment que M. Barrot n'avait jamais été qu'un Michel Morin politique.

L'aperçu ne manque pas de justesse.

Au mois de février 1848, Michel-Odilon-Morin Barrot a positivement scié devant lui, la face tournée vers le tronc de l'arbre, une branche sur laquelle il était à califourchon.

FIN.

être de nouveau — m'inquiètent beaucoup
des démonstrations violentes d'hier au soir —
contre l'hôtel de l'ambassade de Russie —
c'est une maucauvin si malheureuse et dont
nos ennemis peuvent tirer si grand parti
que j'ai fait tout d'y voir un machiavélisme
de leur part — j'allais défendre les mêtres
contre les attaques du cercle et d'ladroite —
mais Mr Sébastiani m'en a ôté l'eau
                      Tout à vous
                            Bon

VIENT DE PARAITRE

HISTOIRE-MUSÉE

DE LA

RÉPUBLIQUE FRANÇAISE

DEPUIS

L'ASSEMBLÉE DES NOTABLES JUSQU'A L'EMPIRE

PAR

AUGUSTIN CHALLAMEL

ACCOMPAGNÉE

DES ESTAMPES, COSTUMES, MÉDAILLES,
CARICATURES, PORTRAITS HISTORIÉS ET AUTOGRAPHES
LES PLUS REMARQUABLES DU TEMPS

TROISIÈME ÉDITION

Le succès qui a accueilli les deux premières
éditions de ce livre pourrait, à la rigueur, nous
dispenser d'entrer dans de nouvelles explica-
tions sur l'intérêt des matières qu'il traite et

sur l'importance des nombreux documents qu'il contient; mais il nous a semblé qu'il ne serait pas hors de propos aujourd'hui de dire quelques mots sur la pensée de l'auteur, sur le plan qu'il a suivi et sur les motifs qui doivent faire, à notre avis, désirer en ce moment une réimpression de cet ouvrage.

L'*Histoire-Musée de la République française* n'est pas, à proprement parler, une histoire de la République, c'est-à-dire un récit plus ou moins détaillé des événements publics groupés et appréciés suivant la passion politique, le système où l'école philosophique de l'auteur; elle n'est pas non plus, comme on pourrait le penser, un simple recueil de documents, plutôt fait pour les écrivains que pour les lecteurs; elle tient à la fois de ces deux genres de livres; plus impartiale et moins solennelle que les narrations des historiens, en ce qu'elle se borne, la plupart du temps, à exposer les circonstances dans lesquelles se sont produits les lettres, les dessins, les emblèmes, les caricatures, dont elle retrace et conserve l'image exacte comme autant de monuments des luttes des partis, elle est moins sèche aussi et plus instructive qu'une simple collection de pièces, parce que, en guidant le lecteur par un récit rapide des faits qui relient entre elles ces productions si diverses de l'esprit français pris sur le fait dans le moment où la surexcitation des passions de parti lui donne l'essor le plus énergique, elle met l'observateur intelligent à même d'en déduire des enseignements utiles.

On pourrait dire que l'*Histoire-Musée de la République française* est la chronique du mouvement quotidien de l'esprit français pendant la Révolution.

Quant à l'opportunité du moment choisi pour cette réimpression, nul ne contestera qu'elle ne saurait se produire plus à propos que dans ces temps de calme si favorables à la méditation, ces temps où les esprits sérieux aiment à chercher dans l'étude impartiale du passé la raison d'être du présent et la leçon de l'avenir.

CONDITIONS DE LA SOUSCRIPTION

L'Histoire-Musée de la République française, par
AUGUSTIN CHALLAMEL, formera deux volumes grand in-8
jésus.

350 gravures sur acier et sur bois, dessinées et
gravées par les meilleurs artistes, illustreront cet ouvrage, qui sera publié en 72 livraisons à 25 cent., et
en 8 séries brochées à 1 fr. 50 cent.

Chaque livraison contiendra invariablement 16 pages
de texte, avec gravures, plus *deux gravures* sur acier
ou sur bois, tirées à part, ou une gravure et un au-
tographe.

(Prix de la livraison, 25 centimes

LES PREMIÈRES LIVRAISONS SONT EN VENTE

ON SOUSCRIT A PARIS

CHEZ GUSTAVE HAVARD, LIBRAIRE-ÉDITEUR

RUE GUÉNÉGAUD, 15

Et chez tous les Libraires de la France et de l'Étranger.

www.ingramcontent.com/pod-product-compliance
Lightning Source LLC
Chambersburg PA
CBHW070856280326
41934CB00008B/1457